AF637371

antonia elena ♡

Antonia Elena
Zimmermann

# TONI'S MEAL PREP KÜCHE

Antonia Elena
Zimmermann

# TONI'S MEAL PREP KÜCHE

Einfache und leckere Gerichte für die ganze Familie

NXTLVL

# INHALT

## SALATE



## AUFLÄUFE



## PASTAGERICHTE



## HERZHAFTE TONI SPECIALS

# EINLEITUNG

***Liebe Leserin, Lieber Leser und natürlich auch Hi an meine Toni-Crew!***

Ich freue mich sehr, dass du den Weg zu meinem Kochbuch gefunden hast und bin mir sicher, dass wir zusammen eine gute Zeit und viel Spaß beim Kochen haben werden.

Ich bin Antonia Elena, die meisten nennen mich allerdings Toni. Nach meinem Abitur habe ich eine Ausbildung zur Physiotherapeutin sowie eine Ausbildung zur Ernährungsberaterin absolviert und eine Trainer-Lizenz erworben. Du siehst, Sport und Gesundheit sind meine absolute Leidenschaft!

Das Thema Ernährung begleitet mich bereits seit meiner Jugend, daher habe ich es mir zur Aufgabe gemacht, eine gesunde Beziehung zu meinem Körper und meiner Ernährung aufzubauen. Diesen Prozess habe ich mit vielen Menschen über Instagram geteilt und den ein oder anderen auch auf ihrem Weg geholfen. Nun ist es mein Ziel, noch mehr Menschen zu begleiten und auch dir durch den stressigen Alltag und aus dem Labyrinth der Ernährungstipps herauszuhelfen.

Falls du mir bereits auf Social Media folgst, weißt du sicherlich, dass ich immer on Tour bin und mein (beruflicher) Alltag meist voller Termine ist.

Hinzu kommt, dass ich in diesem Jahr zum ersten Mal Mama werde, wodurch ich meine Zeit nun noch wertvoller einteilen muss, um auch den Bedürfnissen meines Sohnes vollumfänglich gerecht zu werden. Ich freue mich von ganzem Herzen darauf, gleichzeitig ist mir bewusst, dass der Alltag als Mutter nicht immer einfach und stressfrei ist. Zeit ist bei mir und vielen anderen Eltern und Familien ein großer Faktor (und manchmal natürlich auch eine kleine Ausrede).

Deshalb möchte ich dir zeigen, wie du mit wenigen Handgriffen einfache, leckere sowie gesunde Gerichte zauberst, die nicht nur für dich allein sondern auch für deine ganze Familie geeignet sind.

Zusammen werden wir das ganz einfach rocken – Ich freue mich darauf, dich zu begleiten!

Deine Toni

Mit der richtigen Planung und dem richtigen Know-How wird Meal Prep zum Kinderspiel!

Vorab möchte ich dir noch ein paar Tipps mitgeben, bevor wir starten.

## Zeit

Wie bereits erwähnt, hat Zeitersparnis beim Kochen für mich einen hohen Stellenwert. Was mir dabei besonders hilft: Vorbereitetes Essen im Kühlschrank zu haben. Ich nehme mir am Wochenende oder unter der Woche immer etwas Zeit, um mir für die kommenden Tage ein paar Gerichte vorzubereiten. In jedem Rezept findest du eine Angaben, wie lange die Zubereitung dauert und wie lange das Gericht in den Ofen muss. So kannst du dir sicher sein, dass sich das Kochen leicht in deinen Alltag integrieren lässt. Für Kochanfänger rate ich, etwa 10 Minuten länger einzuplanen.

## Portionsgrößen und Haltbarkeit

Fast alle Gerichte sind auf 4 Portionen ausgelegt. Die Rezepte sind aber anpassbar und du kannst für dich die ideale Portionsgröße berechnen.

Wenn du z.B. ein Lebensmittel nur anteilig für dein Gericht aufbrauchst, kannst du es meist im Kühlschrank aufbewahren oder dir einen Snack daraus zubereiten.

| | |
|---|---|
| **Bd** | Bund |
| **EL** | Esslöffel |
| **g** | Gramm |
| **kg** | Kilogramm |
| **l** | Liter |
| **ml** | Milliliter |
| **Pr** | Prise |
| **Scp** | Scoop |
| **Stk** | Stück |
| **TL** | Teelöffel |

Gekochte Gerichte mit Milchprodukten sind im Kühlschrank ca. 4 Tage haltbar, mit pflanzlichen Milchalternativen sogar bis zu einer Woche. Ich persönlich portioniere und friere mein Essen nicht ein. Wenn es für dich jedoch eine Option ist, dann kannst du z.B. Suppen ohne Milchprodukte einfrieren und diese erst beim Auftauen dazugeben.

## Nährwerte

Natürlich ist mir nicht nur die Zeitersparnis wichtig, sondern auch, dass meine Mahlzeiten gesund und ausgewogen sind – Essen, ohne dass ich auf etwas verzichten muss. Mein Teller soll bunt, vielfältig und proteinreich sein. Klingt kompliziert? Ist es aber gar nicht.

Jedes Gericht ist so konzipiert, dass du nicht nur lecker isst, sondern auch eine ganze Portion Nährstoffe zu dir nimmst.

# HIGH PROTEIN

## Warum sind Proteine eigentlich so wichtig?

Die Nährwerte meiner Rezepte haben einen hohen Proteingehalt im Fokus. So bleiben wir länger gesättigt und unsere Muskeln werden optimal versorgt.

Unser Körper kann Proteine mit der Nahrung z.B. durch Fleisch, Fisch, Eier, Milchprodukte, Bohnen, Nüsse und Samen aufnehmen. Allerdings kann es manchmal schwierig sein, die optimale Menge Protein allein durch die Nahrung zuzuführen.

Aus diesem Grund ist es sehr hilfreich, Proteinpulver als Ergänzung zur normalen Ernährung in unseren Alltag zu integrieren, denn so können wir unsere tägliche Proteinzufuhr ganz einfach ergänzen.

Ich verwende in einigen meiner Gerichte die Produkte von More Nutrition. Natürlich kannst du auch andere Lebensmittel verwenden. Dadurch können sich die Nährwerte jedoch etwas verändern.

In den Rezepten findest du die genutzten Sorten sowie die Mengenangaben.

Im Großen und Ganzen ist Proteinpulver für die ganze Familie unbedenklich. Und so rechnest du deinen täglichen Bedarf ganz einfach aus: Für Erwachsene gilt als Faustregel 2 Gramm Protein pro Kilogramm Körpergewicht. Bei Übergewicht richtest du dich bitte nach deinem Normalgewicht (Normalgewicht = Körpergröße – 100).

### MEINE LIEBLINGSPRODUKTE VON MORE

**2 Kalorien Ölspray** – vielfach einsetzbar und eignet sich perfekt, um Speiseöl oder Butter zu ersetzen.

**More Protein Sahne** – nicht nur in Süßspeisen sondern auch in herzhaften Gerichten. Mein persönliches Must Have für eine cremige Konsistenz.

**Chunky Flavour Neutral** – der Allrounder für alles Süße und auch herzhafte Saucen und Salatdressings.

**Chunky Flavour Vanilla Perfection** – für z. B. Bircher Müsli, Grießbrei, Apfelauflauf, Milchnudeln oder einfach, um neutralen Quark geschmacklich zu verfeinern.

**Chunky Flavour Fine Milk Chocolate** – für z. B. schokoladige Süßspeisen oder auch heiße Schokolade.

# REDUZIEREN VON ZUCKER

## Warum ist es sinnvoll, Zucker in der Ernährung zu reduzieren?

Zucker liefert unserem Körper keine notwendigen Nährstoffe – es handelt sich dabei vor allem um Kohlenhydrate. Unser Körper hat bei zu hohem Konsum Schwierigkeiten, diese in den Zellen zu speichern und als Energie bereitzustellen. Zusätzlich steigt der Blutzuckerspiegel schnell an, aber durch die folgende Insulinausschüttung fällt er ebenso schnell wieder. Wir verspüren das Verlangen, mehr zu essen oder bekommen sogar Heißhunger-Anfälle. Ein Effekt, den du vielleicht auch gut kennst?

In meinen Rezepten findest du in der Zutatenliste statt Zucker das Chunky Flavour von More Nutrition. Chunky Flavour ist ein Pulver, mit und ohne Geschmack, welches zum Süßen verschiedenster Speisen verwendet werden kann und Zucker auf einfachste und leckerste Weise ersetzt. Alternativ kannst du auch Erythrit oder Bourbon Vanille benutzen. Bitte beachte, dass sich dabei die Nährwerte verändern können.

**Chunky Flavour Frucht nach Wahl** – für z. B. Himbeertraum, Frühstücks-Gnocchis oder Porridge (meine Lieblingssorte ist Strawberry Perfection).

**No More Sugar** – der perfekte Zuckerersatz, alternativ kann man auch Erythrit verwenden.

**More Spices Knobilicious** – mein Allrounder in Sachen Würze.

**OPTIONAL**

**Light Chocolate Toppings** – für z. B. Frühstücksbrownie, Müsli oder andere schokoladige Süßspeisen

**Moremelade** – für z.B. Reisauflauf, Quarkmilchreis oder einfach auf dem Brot für einen fruchtigen Geschmack.

BEISPIEL-
WOCHE

# WOCHENPLAN

Hier siehst du, wie für dich eine Beispielwoche aussehen könnte. Beachte dabei, dass die Portionsangaben grobe Orientierungen sind und du die Nährwerte individuell anpassen oder erhöhen kannst. Die Nährwertangaben können je nach Hersteller varrieren.

## TAG 1

- Frühstück: Bircher Müsli (S. 39)
- Mittagessen: Kürbis-Kokos Suppe (S. 70)
- Abendessen: Schinkennudeln (S. 126)

## TAG 2

- Frühstück: Bircher Müsli (S. 39)
- Mittagessen: Kürbis-Kokos Suppe (S. 70)
- Abendessen: Meal Prep Nudelsalat á la Toni (S. 95)

## TAG 3

- Frühstück Bircher Müsli (S. 39)
- Mittagessen: Tomatensuppe vom Blech (S. 78)
- Abendessen: Schinkennudeln (S. 126)

## TAG 4

- Frühstück: Himbeertraum (S. 46)
- Mittagessen: Schinkennudeln (S. 126)
- Abendessen: Tomatensuppe vom Blech (S.78)

## TAG 5

- Frühstück: Himbeertraum (S. 46)
- Mittagessen: Tomatensuppe vom Blech (S. 78)
- Meal Prep Nudelsalat á la Toni (S. 95)

## TAG 6

- Frühstück: Proteinreiche Milch-nudeln (S. 48)
- Mittagessen: Tomatensuppe vom Blech (S. 78)
- Abendessen: Low Carb Pizza (S. 153)

## TAG 7

- Frühstück: Proteinreiche Milch-nudeln (S. 46)
- Mittagessen: Low Carb Pizza (S. 153)
- Abendessen: Rumfort-Auflauf (S. 104)

# WOCHENABLAUF

**Hier erkläre ich dir ganz kurz, was du an dem jeweiligen Tag vorbereiten musst. So kannst du die ganze Woche ohne Küchen-Stress meistern!**

## VORBEREITUNGSTAG

Gemüse und Obst waschen und trocknen. Im Kühlschrank verstauen.
Bereite das Bircher Müsli und die Kürbis-Kokos-Suppe schon heute vor. So stehst du morgen gemütlich und ohne Stress auf, kannst dir einen kleinen Kaffee oder Tee vorbereiten und dein Frühstück und Mittagessen ist für die nächsten Tage ready.

## TAG 1

Frühstück & Mittagessen sind schon ready!
Abends 3 Portionen Schinkennudeln vorbereiten und eine davon genießen. Die restlichen Nudeln auf 2 Portionen aufteilen und in den Kühlschrank geben

## TAG 2

Für Tag 3, 4, 5 und 6 solltest du heute die Tomatensuppe vorbereiten. Heute Abend gibt es meinen leckeren Meal Prep Nudelsalat. Direkt eine doppelte Portion vorbereiten, denn den gibt es an Tag 5 gleich nochmal!

## TAG 3

Abends den Himbeertraum und die Proteinreichen Nudeln für den Rest der Woche vorbereiten.

## TAG 4 + 5

Alles ist bereits vorbereitet und du kannst es genießen.

## TAG 6

Abends 2 Portionen von der Low Carb Pizza zubereiten. Eine für heute Abend und eine Portion für morgen Mittag.

## TAG 7

Endspurt! Abends die restlichen Zutaten, die noch übrig geblieben sind zu einem leckeren Auflauf zusammenschmeißen! So kreiere ich immer wieder neue Aufläufe und es ist einfach superlecker!

# Einkaufsliste
## Beispielwoche

### Obst/Früchte

- 300 g Äpfel
- 1 Zitrone
- 200 g Früchte nach Wahl

### Gemüse

- 1 Knoblauchzehen
- 6 Zwiebeln
- 650 g Hokkaido Kürbis
- 300 g Cocktailtomaten
- 700 g Tomaten
- 1 Salatgurke
- Frischer Basilikum

### Kühlregal

- 375 g griechischer Joghurt 2 %
- 850 ml entrahmte Milch
- 500 g körnigen Frischkäse
- 3 Eier
- 200 g Schinkenwürfel
- 300 ml Kochsahne 7 %
- 45 g Parmesan, gerieben
- 200 g Kokosmilch

- 300 g Mozzarella light + 125 g Mini-Mozzarella
- 150 g Crème fraîche 15 %
- 250 g Hüttenkäse
- 100 g Käse light, gerieben
- 75 g Speck, mager

## Trockene Zutaten

- 115 g zarte Haferflocken
- 45 g gehobelte Mandeln
- 550 g Vollkorn-Nudel nach Wahl
- 25 g Cashewkerne
- 400 g Kichererbsen, Dose

## Speisekammer

- Italienische Kräuter
- Olivenöl
- Gemüsebrühpulver
- Mandelmus

## More Produkte oder Alternativen

- Chunky Flavour Vanilla Perfection – *Honig, Bourbon Vanille*
- More Protein Sahne – *Cremefine*
- Chunky Flavour Frucht nach Wahl – *Früchte*
- 2 Kalorien Ölspray – *Olivenöl*
- More Spices Knobilicious – *Gewürze*
- Moremelade nach Wahl – *zuckerfreie Marmelade*

# FRÜHSTÜCK

# **Basisrezept** PROTEINREICHES PORRIDGE

**Bereite dir dein perfektes Porridge zu. Das Basisrezept bleibt, alles andere kann täglich variieren. So kannst du 365 Tage deine Lieblingskreation zaubern.**

pro Portion: **312 kcal** 25,5 g **Kohlenhydrate** 26,7 g **Eiweiß** 8,3 g **Fett**

**ZUTATEN**

20 g zarte Haferflocken
20 g kernige Haferflocken
400 ml entrahmte Milch
*alternativ* Pflanzenmilch ohne Zucker
2 Scps Chunky Flavour nach Wahl
25 g More Protein nach Wahl

**Für 1 Portionen**
**10 Min**

1 Haferflocken und Milch nach Wahl in einen Topf geben und kräftig aufkochen lassen.

2 Den Topf zur Seite stellen und 5 Minuten ruhen lassen.

3 Anschließend Chunky Flavour und More Protein hineingeben und gut verrühren.

# Leitfaden für ein perfektes Porridge:

**Milch nach Wahl:** Milch 1,5 %, entrahmte Milch, Hafermilch ohne Zucker, Mandelmilch ohne Zucker, Sojamilch ohne Zucker oder Wasser

**Süße nach Wahl:** 1–2 Scps Chunky Flavour, No More Sugar, Erythrit, Honig

**Protein nach Wahl:** 25 g More Protein oder More Vegan Protein nach Wahl, 100–150 g Joghurt, Quark, Skyr, körnigen Frischkäse (Tipp: Beim More Vegan Protein könnte die Konsistenz etwas fester werden und benötigt daher evtl. mehr Flüssigkeit.)

**Früchte nach Wahl:** 50–100 g frisch, gefroren oder gefriergetrocknet (Beeren, Apfel, Banane, Kiwi, Birne, Ananas, Mango, saisonale Früchte)

**Nussbutter:** 20 g Nussbutter nach Wahl z. B. Foodist Mandelbutter, Cashew, Macadamia, Erdnussmus

**Gewürze nach Belieben:** Spekulatiustopping, Zimt, goldene Milch, Vanille, Kakao

**Sonstige Toppings:** Apfelmus, Moremelade, Fruchtpüree, Schokodrops, zuckerfreie Schokolade, Müsli

**Nüsse & Samen:** Mandeln, Macadamia, Cashew, Pekannüsse, Kokoschips, Sonnenblumenkerne, Kakaonibs

**Gemüse:** z. B. Zucchini, Kürbis

# BAKED OATS

pro Portion: **470 kcal** 48 g **Kohlenhydrate** 33 g **Eiweiß** 13 g **Fett**

**ZUTATEN**

4 Eier
1 Banane
500 ml entrahmte Milch
*alternativ* Pflanzenmilch ohne Zucker
200 g zarte Haferflocken
20 g gehobelte Mandeln
4 Scps Chunky Flavour nach Wahl
70 g More Protein Sahne
150 g Früchte nach Wahl
2 Kalorien Ölspray

**Für 4 Portionen**
**10 Min (+ 30 Minuten Backzeit)**

1 Den Ofen auf 180 °C Ober-/Unterhitze (160 °C Umluft) vorheizen.

2 Die Eier in eine Schüssel geben und mit einem Rührbesen aufschlagen. Die Banane mit in die Schüssel geben und mit einer Gabel zerstampfen. Die Milch dazugeben und zu einer gleichmäßigen Masse vermischen.

3 Anschließend Haferflocken, Mandeln, Chunky Flavour, und More Protein Sahne in die Schüssel einrühren. Falls das Ergebnis zu fest sein sollte, noch etwas Milch ergänzen.

4 Die Früchte unterrühren.

5 Die Auflaufform mit dem Ölspray besprühen und für ca. 30 Minuten backen.

CHUNKY
FLAVOUR
of Your Easter

# BANANEN-SCHOKO FRÜHSTÜCKSBROWNIES

pro Portion: **546 kcal** 22 g **Kohlenhydrate** 14 g **Eiweiß** 7 g **Fett**

**ZUTATEN**

2 Kaloren Ölspray
2 reife Bananen (300 g)
200 ml entrahmte Milch
*alternativ* Pflanzenmilch ohne Zucker
200 g griech. Joghurt 2 %
40 ml Rapsöl
120 g Light Chocolate Toppings
170 g Dinkelmehl
80 g More Protein Chocolate Brownie
180 g No More Sugar
*alternativ* Erythrit
3 Scps Chunky Flavour Fine Milk Chocolate
5 g Backpulver
Salz

**Für 16 Stücke**
**15 Min (+ 25 Min Backzeit)**

1 Eine Backform mit dem Ölspray einsprühen und mit einem Stück Küchenrolle verteilen. Den Backofen auf 180 °C Ober-/Unterhitze (160 °C Umluft) vorheizen.

2 Bananen und Milch in eine Schüssel geben und zerstampfen. Joghurt und Rapsöl hinzugeben und zu einer gleichmäßigen Masse verrühren.

3 100 g von den Schokodrops im Wasserbad schmelzen, in die Schüssel geben und vermischen.

4 Die trockenen Zutaten und eine Prise Salz vermengen und zu den flüssigen Zutaten geben. Alles zusammen zu einem Teig verrühren.

5 Den Teig in die Auflaufform füllen und die restlichen Schokodrops darauf verteilen. Für ca. 20–25 Minuten im Backofen backen.

6 Pro Portion sind ca. 3 Stücke gedacht Entweder als Meal Prep für dich oder für mehrere Personen.

**TIPP** **Optional kannst du Nüsse verwenden.**

# SÜSSER REISAUFLAUF

pro Portion: **456 kcal** 56 g **Kohlenhydrate** 33 g **Eiweiß** 8 g **Fett**

**ZUTATEN**
2 Kalorien Ölspray
220 g Risotto Reis
800 ml entrahmte Milch
*alternativ* Pflanzenmilch ohne Zucker
4 Eier
50 g No More Sugar
*alternativ* Erythrit
4 Scps Chunky Flavour Vanilla Perfection
150 g Buttermilch
70 g More Protein Sahne
200 g Blaubeeren

**Optional**
Zimt
Moremelade

**Für 4 Portionen**
**20 Min (+ 40 Min Backzeit)**

1 Auflaufform mit dem Ölspray einsprühen und mit einer Küchenrolle gut verteilen. Den Backofen auf 180 °C Ober-/Unterhitze (160 °C Umluft) vorheizen.

2 Risotto Reis mit Milch in einem Kochtopf kochen. Nach dem Kochen quellen lassen bis der Reis gar ist. Anschließend abkühlen lassen.

3 Die Eier trennen. Das Eiweiß mit No More Sugar und Chunky Flavour aufschlagen.

4 Das Eigelb zusammen mit Buttermilch und More Protein verquirlen und dann zu dem Reis hinzugeben. Das aufgeschlagene Eiweiß vorsichtig unterheben.

5 Nun zum Schluss die Blaubeeren unterheben und in die Auflaufform verteilen.

6 Die Form für ca. 35–40 Minuten in den Backofen geben und ausbacken.

7 Mit etwas Zimt oder Moremelade genießen.

# HIGH PROTEIN GRIESSBREI MIT FRÜCHTEN

pro Portion: **332 kcal** 38 g **Kohlenhydrate** 30 g **Eiweiß** 5 g **Fett**

**ZUTATEN**

1200 ml entrahmte Milch
*alternativ* Pflanzenmilch ohne Zucker
3 Scps Chunky Flavour Vanilla Perfection
120 g Weichweizengrieß
2 Eier
70 g More Protein Sahne
100 g Moremelade nach Wahl
Salz

**Außerdem**

4 verschließbare Gläser
60 g Früchte nach Wahl

**Für 4 Portionen**
**20 Min**

1 Milch und Chunky Flavour in einem Topf unter ständigen Rühren zum Kochen bringen. Vorsicht, damit es nicht anbrennt.

2 Den Weichweizengieß mit in die Milch geben. Alles aufkochen lassen, bis es zu Grieß wird.

3 Die Eier trennen. Das Eigelb in den Grieß rühren und danach abkühlen lassen.

4 Das Eiweis mit einer Prise Salz mit einem Handmixer zu Eischnee aufschlagen. Das More Protein mit in den Eischnee einrühren. Danach den Eischnee unter dem Grießbrei heben.

5 Die Gläser vorbereiten und je etwas vom Grieß hineingeben, dann die Moremelade, wieder Grieß und wieder Moremelade. Die Gläser mit dem Deckel verschließen.

6 Bei Verzehr die Früchte auf die Gläser verteilen.

**INFO** **Eischnee hält sich nur ca. 2 Tage im Kühlschrank.**

# FRÜHSTÜCKSMUFFINS

pro Muffin: **176 kcal** 10 g **Kohlenhydrate** 8 g **Eiweiß** 11 g **Fett**

**ZUTATEN**

80 ml Rapsöl
5 Eier
50 g No More Sugar *alternativ* 50 g Erythrit oder 1 Scp Chunky Flavour Neutral
3 Scps Chunky Flavour Fine Milk Chocolate
300 ml Sahne 19 %
100 g Dinkelmehl
100 g Haferflocken
70 g More Protein Sahne
5 g Backpulver
250 g Früchte nach Wahl
Salz

**Für 16 Stück**
**10 Min (+ 40 Min Backzeit)**

1 Den Backofen auf 180 °C Ober-/Unterhitze (160 °C Umluft) vorheizen.

2 Rapsöl, Eier, No More Sugar, Chunky Flavour und Sahne in eine Schüssel geben und gut vermixen.

3 Anschließend alle trockenen Zutaten mit einer Prise Salz in die Schüssel geben und zu einem glatten Teig mixen.

4 Dann die Früchte unterrühren und in 16 Förmchen füllen.

5 Die Muffins für ca. 40 Minuten ausbacken.
Pro Person 4 Muffins x 8 g Eiweiß = 32 g

# BIRCHER MÜSLI

pro Portion: **465 kcal** 47 g **Kohlenhydrate** 32 g **Eiweiß** 14 g **Fett**

**ZUTATEN**
400 g Äpfel *alternativ* Birnen
5 ml Zitronensaft
500 g griech. Joghurt 2 %
300 ml entrahmte Milch *alternativ* Pflanzenmilch ohne Zucker
2 Scps Chunky Flavour Vanilla Perfection
150 g zarte Haferflocken
70 g More Protein Sahne
60 g gehackte Mandeln

**Optional**
Rosinen

**Für 4 Portionen**
**15 Min**

1 Die Äpfel waschen, halbieren und das Kerngehäuse entfernen. Danach in kleine Würfeln schneiden. Mit Zitronensaft beträufeln und gut verrühren.

2 In einer großen Schüssel Joghurt, Milch, Chunky Flavour, Haferflocken sowie More Protein und gehackte Mandeln geben und gut verrühren.

3 Anschließend die Äpfel unterheben und entweder in 4 Behälter portionieren oder in der Schüssel lassen. Über Nacht im Kühlschrank stehen lassen.

# SÜSSER ARMER RITTER QUARK AUFLAUF

pro Portion: **437 kcal** 31 g **Kohlenhydrate** 40 g **Eiweiß** 14 g **Fett**

**ZUTATEN**

300 g High Protein Toast
300 g Früchte nach Wahl
z. B. Erdbeere, Blaubeere, Kirschen, Himbeeren
2 Eier
500 g Quark
15 g Puddingpulver Vanille
15 ml Zitronensaft
3 Scps Chunky Flavour Vanilla Perfection
Salz
30 g Mandelblättchen

**Für 4 Portionen**
**15 Min (+ 30 Min Backzeit)**

1 Den Backofen auf 200 °C Ober-/Unterhitze (180 °C Umluft) vorheizen.

2 Den High Protein Toast in kleine Würfel schneiden. Die Früchte waschen, trocknen und schneiden.

3 Die Eier trennen und das Eigelb zusammen mit Quark, Puddingpulver, Zitronensaft und Chunky Flavour verrühren.

4 Das Eiweiß zusammen mit einer Prise Salz zu Eischnee steif schlagen, unter die Quarkmasse heben.

5 Abwechselnd den gewürfelten Toast mit der Quarkmasse und den Früchten schichten. Solange wiederholen, bis alles aufgebraucht ist. Anschließend mit den Mandelblättchen dekorieren.

6 Den Auflauf für ca. 30 Minuten backen.

**TIPP** **Du kannst je nach Saison verschiedene Früchte verwenden.**

# QUARKMILCHREIS MIT FRUCHTTOPPING

pro Portion: **280 kcal** 28 g **Kohlenhydrate** 30 g **Eiweiß** 4 g **Fett**

**ZUTATEN**

1 l entrahmte Milch *alternativ* Pflanzenmilch ohne Zucker
5 Scps Chunky Flavour Vanilla Perfection
200 g Milchreis
40 g More Protein Sahne
400 g Magerquark
Zimt
150 g Moremelade nach Wahl
150 g Frucht nach Wahl

**Außerdem**

4 Gläser

**Für 4 Portionen**
**30 Min**

1 Die Milch in einen Topf geben und zusammen mit Chunky Flavour aufkochen lassen.

2 Danach den Milchreis hineingeben. Auf niedriger Stufe weiter köcheln. Immer wieder umrühren bis der Milchreis gar ist. Das kann einige Zeit in Anspruch nehmen.

3 Den Milchreis im leicht abgekühlten Zustand mit More Protein vermischen.

4 Wenn der Milchreis komplett abgekühlt ist, Magerquark unterrühren und etwas Zimt dazugeben.

5 Bereite 4 Gläser vor. Fülle das Glas etwa ein Drittel mit Milchreis, schichte dann Moremelade, Milchreis und wieder Moremelade aufeinander.

6 Die Früchte waschen, schneiden und auf die Gläser verteilen.

# BANANA SPLIT SCHOKO-OATS

pro Portion: **451 kcal** 53 g **Kohlenhydrate** 28 g **Eiweiß** 10 g **Fett**

**ZUTATEN**

2 mittelgroße Bananen
1 TL Kokosöl
180 g Haferflocken
40 g Chiasamen
4 Scps g Chunky Flavour Fine Milk Chocolate
700 ml entrahmte Milch *alternativ* Pflanzenmilch ohne Zucker
60 g More Protein Chocolate nach Wahl
100 g High Protein Pudding Vanille
1 Scp Chunky Flavour Vanilla Perfection

**Außerdem**

4 verschließbare Gläser

**Für 4 Portionen**
**15 Min**

1 Die Bananen schälen und in Scheiben schneiden. Die Banane in einer Pfanne mit etwas Kokosöl anbraten. Danach kurz abkühlen lassen.

2 In eine Schüssel Haferflocken, Chiasamen, Chunky Flavour Chocolate geben und mit 600 ml Milch und More Protein gut miteinander verrühren.

3 4 Gläser mit Deckel vorbereiten und einige Bananenscheiben darauf verteilen, darüber die Schoko-Oats verteilen.

4 Für die Sauce High Protein Pudding mit der restlichen Milch und Chunky Flavour Vanilla verrühren. Die Sauce auf die Oats geben und die restlichen Bananen verteilen.

5 Über Nacht in den Kühlschrank stellen und innerhalb von 3 Tagen aufbrauchen.

# HIMBEERTRAUM

pro Portion: **272 kcal** 15 g **Kohlenhydrate** 37 g **Eiweiß** 4 g **Fett**

**ZUTATEN**

1 kg körnigen Frischkäse
50 ml Milch 1,5 %
3 Scps Chunky Flavour Frucht nach Wahl
2 Eiweiß
Salz
400 g Himbeeren
100 g Moremelade nach Wahl

**Außerdem**

4 verschließbare Gläser

**Für 4 Portionen**
**15 Min**

1 Den Frischkäse mit Milch und Chunky Flavour in einem Hochleistungsmixer pürieren.

2 Das Eiweiß mit einer Prise Salz aufschlagen und unter den Frischkäse heben. Die Himbeeren waschen und trocknen.

3 Die Gläser vorbereiten und nun schichten: Quarkfluff, Moremelade, Himbeeren, Fluff, Moremelade, Früchte. So lange wiederholen, bis alles aufgebraucht ist.

4 Direkt Frühstücken oder zudeckeln und später genießen.

**TIPP** **Du kannst das Gericht auch als Dessert essen oder am nächsten Tag noch verwenden. Beachte, Eischnee hält sich nur 2 Tage im Kühlschrank.**

# PROTEINREICHE MILCHNUDELN

pro Portion: **439 kcal** 69 g **Kohlenhydrate** 31 g **Eiweiß** 3 g **Fett**

**ZUTATEN**

1200 ml entrahmte Milch
*alternativ* Pflanzenmilch ohne Zucker
Salz
5 Scps Chunky Flavour Vanilla Perfection
300 g Fussili
60 g More Protein Sahne

**AUSSERDEM**

4 verschließbare Gläser
Zimt
100 g Kirschen

**Für 4 Portionen**
**30 Min**

1 Die Milch mit einer Prise Salz und Chunky Flavour aufkochen lassen. Danach die Nudeln hineingeben und den Herd herunter drehen. Bei schwacher Hitze weitere ca. 15–20 Minuten unter ständigem Rühren quellen lassen.

2 Nachdem die Nudeln etwas abgekühlt sind, More Protein einrühren. Wenn du es etwas suppiger magst, etwas mehr Milch ergänzen.

3 In 4 Gläser mit Deckel verteilen, Zimt und Kirschen verteilen oder pur genießen

# VANILLE-CHIAPUDDING MIT GEBRATENEN ÄPFELN

pro Portion: **442 kcal** 28 g **Kohlenhydrate** 26 g **Eiweiß** 17 g **Fett**

**ZUTATEN**
180 g Chiasamen
500 g High Protein Pudding Vanille
4 Scps Chunky Flavour Vanilla Perfection
700 ml entrahmte Milch *alternativ* Pflanzenmilch ohne Zucker
300 g Apfel
1 TL Kokosöl
Zimt

**Außerdem**
4 verschließbare Gläser

**Für 4 Portionen**
**15 Min**

1 Die Chiasamen mit dem Protein Pudding, Chunky Flavour und Milch vermengen und auf 4 Gläser mit Deckel aufteilen.

2 Die Äpfek waschen, schneiden und vierteln. Das Gehäuse entfernen und die Äpfel würfeln. Die Würfel in einer Pfanne mit dem Kokosöl anbraten und mit etwas Zimt bestreuen. Die Äpfel kurz abkühlenlassen und auf die Chiapuddings verteilen.

3 Den Chiapudding mindestens 3 Stunden kalt stellen und danach genießen. Innerhalb von 3 Tagen aufbrauchen.

# APFELAUFLAUF

pro Portion: **387 kcal** 46 g **Kohlenhydrate** 30 g **Eiweiß** 7 g **Fett**

**ZUTATEN**

2 Kalorien Ölspray
400 g Apfel
2 EL Zitronensaft
4 Eier
5 Scps Chunky Flavour Vanilla Perfection
60 g No More Sugar *alternativ* Erythrit
140 g Dinkelmehl
200 ml entrahmte Milch *alternativ* Pflanzenmilch ohne Zucker
250 g Magerquark
10 g Backpulver
Salz

**Für 4 Portionen**
**15 Min**

1 Den Backofen auf 180 °C Ober-/Unterhitze (160 °C Umluft) vorheizen. Die Auflaufform mit dem Ölspray einsprühen und mit einem Stück Küchenrolle verteilen.

2 Die Äpfel bei Bedarf schälen, halbieren und Gehäuse entfernen. Danach in Scheiben schneiden. Die Apfelscheiben mit etwas Zitronensaft beträufeln und gut miteinander vermengen.

3 Die Eier trennen. Das Eigelb zusammen mit 4 Scps Chunky Flavour und No More Sugar schaumig schlagen.

4 Dinkelmehl, 1 Scp Chunky Flavour, Milch, Magerquark und Backpulver hineingeben und vermischen. Die Äpfel mit hineingeben und verrühren.

5 Das Eiweiß mit einer Prise Salz steifschlagen und unter den glatten Teig heben.

6 Den Teig in die Auflaufform geben und ca. 30–35 Minuten backen.

# MANGO-LASSI IM GLAS

pro Portion: **406 kcal** 33 g **Kohlenhydrate** 29 g **Eiweiß** 13 g **Fett**

**ZUTATEN**
600 g reife Mangos
600 g griech. Joghurt 2 %
60 g More Protein Sahne
1 TL Zitronensaft
500 ml entrahmte Milch
*alternativ* Pflanzenmilch ohne Zucker
4 Scps Chunky Flavour Neutral
100 g Chiasamen

**Außerdem**
4 verschließbare Gläser

**Für 4 Portionen**
**10 Min (+ 12 Std ruhen)**

1 Die Mango schälen und vom Kern entfernen.

2 In einen Hochleistungsmixer alle Zutaten, außer die Chiasamen, geben. Alles zu einer glatten Masse mixen.

3 Danach die Chiasamen hineingeben und mit einem Löffel umrühren.

4 Den Mango-Lassi in 4 Gläser abfüllen und schließen. Über Nacht kühl stellen und am nächsten Tag genießen.

# SÜSSE FRÜHSTÜCKS-GNOCCHIS IM GLAS

pro Portion: **494 kcal** 70 g **Kohlenhydrate** 29 g **Eiweiß** 7 g **Fett**

**ZUTATEN**
2 Kalorien Ölspray
700 g Gnocchis
40 g No More Sugar
*alternativ* 40 g Erythrit oder 6 g Chunky Flavour Neutral
Zimt
1 kg griech. Joghurt 2 %
4 Scps Chunky Flavour Frucht nach Wahl
40 g More Protein Sahne
150 g Moremelade nach Wahl
200 g Blaubeeren

**Außerdem**
4 verschließbare Gläser

**Für 4 Portionen**
**20 Min**

1 Das Ölspray in der Pfanne verteilen. Die Gnocchis in die Pfanne geben und mit No More Sugar und etwas Zimt bestreuen, anbraten und karamellisieren. Die Gnocchis abkühlen lassen.

2 Den Joghurt mit Chunky Flavour und More Protein verrühren.

3 Den Joghurt auf den Boden der Gläser geben, die Moremelade verteilen und je 50 g gewaschene Blaubeeren darauf geben. Die angebratenen Gnocchi verteilen und die Gläser mit dem Deckel verschließen. Innerhalb von 3 Tagen aufbrauchen.

# CARROT CAKE BAKED OATS

pro Portion: **470 kcal** 63 g **Kohlenhydrate** 31 g **Eiweiß** 7 g **Fett**

**ZUTATEN**

240 g Haferlocken
450 g Karotten
300 g Banane
90 g More Protein Sahne
150 ml Milch 1,5 %
1 Pck. Backpulver
7,5 Scps Chunky Flavour Neutral
2 Kalorien Ölspray
120 g Frischkäse light
30 ml Milch 1,5 %

**Für 4 Portionen**
**25 Min (+ 30 Min Backzeit)**

1 Für die Baked Oats den Backofen auf 180 °C Ober-/ Unterhitze (160 °C Umluft) vorheizen.

2 Die Haferflocken in einem Mixer zu Mehl verarbeiten.

3 Die Karotten waschen und bei Bedarf schälen. In eine Schüssel die Karotten fein hobeln oder ebenfalls in einem Hochleistungsmixer fein mixen.

4 Hafermehl, Karotten, Banane, More Protein, Milch, Backpulver, 6 Scps Chunky Flavour zu einem glatten Teig vermengen.

5 Entweder 4 kleine Ofenformen oder 1 große wählen. Diese mit dem Ölspray einsprühen und mit einem Stück Küchenrolle das Öl in der Form verteilen. Den Teig einfüllen und für ca. 30 Minuten backen. Bei kleinen Formen verkürzt sich die Zeit um ca. 10 Minuten. Die Baked Oats kurz abkühlen lassen.

6 Währenddessen das Frosting vorbereiten. Dafür Frischkäse mit Milch und dem restlichen Chunky Flavour mixen. Das Frosting auf die Baked-Oats verteilen. Direkt essen oder kalt stellen und innerhalb von 3 Tagen aufbrauchen.

# LOW CARB PORRIDGE

pro Portion: **402 kcal** 23 g **Kohlenhydrate** 39 g **Eiweiß** 13 g **Fett**

**ZUTATEN**

300 g rote Früchte nach Wahl
1400 ml entrahmte Milch
*alternativ* Pflanzenmilch ohne Zucker
40 g Chiasamen
80 g geschrotete Leinsamen
60 g Mandelmehl
6 Scps Chunky Flavour Frucht nach Wahl
60 g More Protein Sahne

**Außerdem**

4 verschließbare Gläser

**Für 4 Portionen**
**10 Min**

1 Die Früchte waschen und trocknen. 200 g der Früchte in eine Schüssel geben und pürieren. Die restlichen Früchte zur Seite legen.

2 In einen Topf Milch, Chiasamen, Leinsamen, pürierte Früchte, Mandelmehl und Chunky Flavour hineingeben. Alles kräftig aufkochen lassen, sodass die Portion etwas aufquillt. Von der Herdplatte herunternehmen und kurz ruhen lassen. Danach die More Protein hinein rühren.

3 Den Topfinhalt auf die Gläser aufteilen und die restlichen Früchte darauf verteilen. Direkt verspeisen oder kalt stellen. Innerhalb von 3 Tagen aufbrauchen.

# HERZHAFTES PORRIDGE

pro Portion: **490 kcal** 41 g **Kohlenhydrate** 38 g **Eiweiß** 17 g **Fett**

**ZUTATEN**
30 g Mais
½ Paprika
40 g Haferflocken
1 Ei
120 ml entrahmte Milch
30 g Feta light
25 g Schinkenwürfel, mager
30 g Käse light, gerieben
Salz, Pfeffer

**Für 1 Portionen**
**10 Min (+ 25 Min Backzeit)**

1 Den Backofen auf 200 °C Ober-/Unterhitze (180 °C Umluft) vorheizen.

2 Den Mais abtropfen lassen. Die Paprika entkernen, waschen und würfeln. Alle Zutaten außer den geriebenen Käse in eine Schüssel geben und gut verrühren. Mit Salz und Pfeffer würzen.

3 Dann in eine kleine Auflaufform geben und mit dem Käse bestreuen.

4 Den Porridge für ca. 25 Minuten backen und warm genießen.

# HERZHAFTE WRAP-FRISCHKÄSEROLLEN

pro Portion: **496 kcal** 35 g **Kohlenhydrate** 39 g **Eiweiß** 20 g **Fett**

**ZUTATEN**
2 Eier
300 g Hähnchenbrust, Aufschnitt
½ rote Zwiebel
1 Limette
½ reife Avocado
120 g griech. Joghurt 2 %
100 g Kräuterfrischkäse light
More Spices Knobilicious
Currypulver
Salz und Pfeffer
8 High Protein Wraps

**Für 4 Portionen**
**25 Min**

1 Die Eier hart kochen und abkühlen lassen. Währenddessen den Aufschnitt in ganz feine Stücke rupfen. Die Zwiebel abziehen und fein Würfeln. Die Limette halbieren und auspressen. die Avocado entkernen und aus der Schale heben.

2 Gekochte Eier und Avocado mit einer Gabel in einer Schüssel klein drücken. 2 EL Limettensaft, Joghurt, Kräuferfrischkäse und Gewürze hinzufügen und gut vermischen.

3 Die Wraps auslegen und die Creme darauf verteilen. Aufschnitt und Zwiebelwürfel verteilen. Alle Wraps einrollen und in Scheiben schneiden.

4 Die Creme einzeln aufbewahren und frisch auf die Wraps verteilen. Die Creme hält sich 3 Tage im Kühlschrank.

# SUPPEN & EINTÖPFE

# ASIAEINTOPF MIT SÜSSKARTOFFELN

pro Portion: **495 kcal** 47 g **Kohlenhydrate** 35 g **Eiweiß** 16 g **Fett**

**ZUTATEN**

200 g braune Champignons
200 g Möhren
1 kleine Zwiebeln
600 g Süßkartoffeln
450 g Hähnchen
2 Kalorien Ölspray
400 ml Kokosmilch
2 EL Sojasauce
30 g Light Gourmet Sauce Sweet & Sour
More Spices Knobilicious
Currypulver
Paprika edelsüß
Salz, Pfeffer

**Optional**

Frischer Koriander

**Für 4 Portionen**
**30 Min**

1 Die Champignons putzen und vierteln. Die Möhren waschen, bei Bedarf schälen und Julienne schneiden. Die Zwiebel abziehen, halbieren und in dünne Scheiben schneiden. Die Süßkartoffel schälen und fein würfeln.

2 Das Hähnchen würfeln und in einem Topf mit dem Ölspray anbraten.

3 Champignons und Zwiebelscheiben zum Hähnchen geben und andünsten.

4 Alles mit der Kokosmilch ablöschen. Das Gemüse mit Sojasauce, Knobilicious, Light Gourmet Sauce, Currypulver, Paprika, Salz und Pfeffer würzen.

5 Danach Süßkartoffeln und Möhren hineingeben und köcheln lassen, bis die Kartoffeln gar sind. Mit Salz und Pfeffer abschmecken.

6 Auf Teller verteilen und servieren. Optional mit etwas Koriander bestreuen.

**TIPP** **Statt des Hähnchenfleisches können auch Garnelen oder Tofu benutzt werden.**

# KÜRBIS-KOKOS-SUPPE

pro Portion: **493 kcal** 28 g **Kohlenhydrate** 27 g **Eiweiß** 21 g **Fett**

**ZUTATEN**

1300 g Hokkaido Kürbis
2 Zwiebeln
10 g Gemüsebrühpulver
2 Kalorien Ölspray
400 g Kokosmilch
Salz, Pfeffer
60 g More Protein Sahne
50 g Cashewkerne

**Optional**

Chiliflocken
Petersilie

**Für 4 Portionen**
**30 Min**

1 Den Kürbis grob in Stücke schneiden. Die Zwiebeln abziehen und würfeln. Das Gemüsebrühpulver in 400 ml kochendem Wasser auflösen.

2 In einem Topf das Ölspray sprühen. Kürbis und Zwiebeln mit hineingeben und andünsten. Mit der Kokosmilch ablöschen und die Brühe hinzugeben.

3 Mit Salz und Pfeffer abschmecken und so lange kochen bis der Kürbis weichgekocht ist.

4 Die Suppe einem Pürierstab zum gewünschten Punkt pürieren. Danach die Suppe etwas abkühlen lassen. 100 ml Wasser mit More Protein verrühren und in die Suppe geben.

5 Alles noch einmal Abschmecken. Falls die Konsistenz zu dickflüssig ist, noch etwas Wasser ergänzen.

6 Portionieren oder direkt genießen. Die Cashewkerne zerhacken und verteilen, bei Bedarf mit Chiliflocken und Petersilie bestreuen.

# HÄHNCHEN-NUDEL-SUPPE IM GLAS

pro Portion: **375 kcal** 25 g **Kohlenhydrate** 45 g **Eiweiß** 5 g **Fett**

**ZUTATEN**
500 g Hähnchen
Salz, Pfeffer
240 g Mie-Nudeln
4 Frühlingszwiebeln
400 g Karotten
1 rote Paprika
4 EL Gemüsebrühpulver
frische Petersilie oder Koriander
Salz, Pfeffer

**Außerdem**
4 große, verschließbare Gläser

**Für 4 Portionen**
**30 Min**

1 Das Hähnchen in einem Topf mit Salzwasser garen, bis es weich ist. Danach klein rupfen und in die Gläser mit Deckel verteilen. Die Mie-Nudeln roh auf die vier Gläser verteilen.

2 Frühlingszwiebel, Karotten und Paprika waschen. Die Karotte bei Bedarf schälen. Frühlingszwiebel schneiden, Karotten Julienne und Paprika in Scheiben schneiden. Das Gemüse auf die vier Gläser verteilen.

3 Die Kräuter waschen und trocken schütteln. Gewürze und frische Petersilie hineingeben.

4 Das Glas mit einem Deckel verschließen und im Kühlschrank aufbewahren.

5 Bei Bedarf das Glas aus dem Kühlschrank nehmen und auf Raumtemperatur warm werden lassen. Danach mit heißem Wasser übergießen und genießen.

**TIPP** **Ergänze die Suppe doch statt mit Hähnchen lieber mit Tofu.**

# KARTOFFEL HÄHNCHEN-CURRY EINTOPF

pro Portion: **404 kcal** 51 g **Kohlenhydrate** 40 g **Eiweiß** 4 g **Fett**

**ZUTATEN**
2 Zwiebeln
700 g Kartoffeln, festkochend
500 g Zucchini
2 rote Paprika
100 g reife Mango
600 g Hähnchenbrustfilet
2 Kalorien Ölspray
500 ml Kokosdrink ohne Zucker
Currypulver
More Spices Knobilicious
Salz, Pfeffer

**Für 4 Portionen**
**30 Min**

1 Die Zwiebeln abziehen, halbieren und in dünne Scheiben schneiden. Die Kartoffeln schälen und würfeln. Zucchini und Paprika waschen und trocknen. Die Zucchini würfeln. Die Paprika entkernen und würfeln. Die Mango schälen, Kern entfernen und ebenfalls würfeln. Das Hähnchen als letztes würfeln. Die Zutaten bereithalten.

2 Einen Topf mit dem Ölspray besprühen und das Hähnchen hineingeben und anbraten.

3 Zwiebeln und Kartoffeln in den Topf geben, kurz mitbraten und mit dem Kokosdrin ablöschen. Mit den Gewürzen abschmecken. Das Ganze köcheln lassen, bis die Kartoffeln gar sind.

4 Danach Zucchini, Mango und Paprika dazugeben und kurz warm werden lassen. Vor dem Servieren mit Salz und Pfeffer abschmecken.

# KARTOFFELSUPPE

pro Portion: **396 kcal** 55 g **Kohlenhydrate** 31 g **Eiweiß** 15 g **Fett**

**ZUTATEN**
1 Lauch
800 g Kartoffeln, mehligkochend
2 Zwiebeln
2 Kalorien Ölspray
Salz, Pfeffer
200 ml Kochsahne 7 %
300 g Schmelzkäse light
60 g More Protein Sahne

**Optional**
80 g Käse, gerieben

**Für 4 Portionen**
**35 Min**

1 Den Lauch gründlich waschen und halbieren, danach klein schneiden. Die Kartoffeln schälen und würfeln. Die Zwiebeln abziehen und fein würfeln.

2 Einen Topf mit dem Ölspray einsprühen. Zwiebeln und Lauch andünsten. Die Kartoffeln dazugeben und mit 600 ml Wasser ablöschen. Alles mit Salz und Pfeffer würzen. Den Topf köcheln lassen, bis die Kartoffeln gar sind.

3 ⅓ der Kartoffeln aus dem Topf herausnehmen und den Rest mit einem Pürierstab pürieren. Die groben Kartoffeln zurück in den Topf geben. Kochsahne und Schmelzkäse hinzugeben. Mit Salz und Pfeffer abschmecken.

4 Die Hitze herunterdrehen und die Suppe kurz ruhen lassen. In der Zwischenzeit More Protein und 100 ml Wasser vermengen und zur Suppe hinzufügen.

5 Die Suppe auf 4 Portionen aufteilen. Bei Bedarf auf jede Portion 20 g geriebenen Käse streuen.

**TIPP** **Ist die Suppe zu dickflüssig, ergänze gerne etwas Wasser.**

# TOMATENSUPPE VOM BLECH

pro Portion: **338 kcal** 9 g **Kohlenhydrate** 32 g **Eiweiß** 19 g **Fett**

**ZUTATEN**
700 g Tomaten
frischer Basilikum
2 Zwiebeln
20 ml Olivenöl
Salz, Pfeffer
60 g More Protein Sahne
300 g Mozzarella light
150 g Crème fraîche

**Für 4 Portionen**
**10 Min (+ 40 Min Backzeit)**

1 Den Backofen auf 200 °C Ober-/Unterhitze (180 °C Umluft) vorheizen.

2 Tomaten und Basilikum waschen und trocknen. Die Tomaten vierteln. Die Zwiebeln abziehen und grob in Scheiben schneiden.

3 Tomaten und Zwiebeln in eine große Auflaufform bzw. auf ein Backblech legen und mit Olivenöl beträufeln. Für ca. 40 Minuten in den Ofen geben.

4 Das Gemüse aus dem Ofen nehmen und in einen Hochleistungsmixer füllen. Kurz abkühlen lassen.

5 Basilikum, Salz und Pfeffer, 400–600 ml Wasser, je nachdem wie flüssig man es haben mag, More Protein und Mozzarella in den Mixer geben. Alles auf höchster Stufe pürieren.

6 Alles in einen Topf geben und mit Crème fraîche Salz und Pfeffer abschmecken.

# LASAGNE-SUPPE

pro Portion: **322 kcal** 26,8 g **Kohlenhydrate** 28 g **Eiweiß** 10 g **Fett**

**ZUTATEN**
1 Zwiebel
1 Knoblauchzehe
1 Paprika
1 Karotte
2 EL Pflanzenöl
400 g Rinderhackfleisch, mager *alternativ* Veggie-Hackfleisch
400 g passierte Tomaten
500 ml Gemüsebrühe
6 Lasagneblätter
2 TL Paprikapulver edelsüß
1 EL Crème fraîche
30 g Parmesan, gerieben

**Für 4 Portionen**
**30 Min**

1 Zwiebel und Knoblauch abziehen und klein hacken. Paprika und Karotte waschen, Paprika entkernen und Karotte bei Bedarf schälen. Beides würfeln.

2 Das Öl in einem Topf erhitzen und Zwiebel, Knoblauch und Hackfleisch anbraten. Karotte, Paprika und passierte Tomaten dazu geben und mit Gemüsebrühe aufgießen – alles gut würzen.

3 Die Lasagneblätter in Stücke brechen, einrühren und für ca. 10–15 Minuten zugedeckt köcheln lassen.

4 Sobald die Lasagneblätter gar sind, die Suppe mit Paprikapulver Crème fraîche und Parmesan verfeinern und genießen.

# HACK-KÄSE-LAUCHSUPPE

pro Portion: **336,5 kcal** 9,5 g **Kohlenhydrate** 38 g **Eiweiß** 15,8 g **Fett**

**ZUTATEN**

1 Zwiebel
1 Knoblauchzehe
1 Lauch
10 g Speisestärke
2 Kalorien Ölspray
500 g Rinderhackfleisch, mager
800 ml Gemüsebrühe
200 g Schmelzkäse light
150 g Crème fraîche
More Spices Knobilicious
Muskatnuss

**Für 4 Portionen**
**20 Min**

1 Zuerst Zwiebel und Knoblauch abziehen und fein hacken. Den Lauch ordentlich waschen und in Ringe schneiden. Die Speisestärke mit etwas Wasser verrühren.

2 Einen Topf mit Ölspray einsprühen, Zwiebel und Knoblauch anbraten. Dann das Hackfleisch hinzufügen.

3 Die Lauchringe mit in den Topf geben, etwas würzen und mit Gemüsebrühe aufgießen – gut verrühren.

4 Schmelzkäse, Crème fraîche, und die aufgelöste Speisestärke hinzufügen, kurz köcheln lassen. Mit Knobilicious und einer Prise Muskatnuss würzen.

# SALATE

# KARTOFFELSALAT MIT KRÄUTER-SENF-VINAIGRETTE

pro Portion: **500 kcal** 44 g **Kohlenhydrate** 49 g **Eiweiß** 13 g **Fett**

**ZUTATEN**
800 g Kartoffeln, festkochend
Salz, Pfeffer
200 g Cocktailtomaten
200 g Rucola
1 rote Zwiebel
125 g Mini-Mozzarella
200 g Rohschinkenwürfel
400 g Hähnchenbrustfilet
Hähnchengewürz

**Für die Vinaigrette**
3 g mittelscharfen Senf
15 g Weißweinessig
25 ml Olivenöl
Zwiebelpulver
Salz, Pfeffer

**Optional**
Chiliflocken
Schnittlauch

**Für 4 Portionen**
**30 Min**

1 Die Kartoffeln schälen, waschen und in Scheiben hobeln. In einem Kochtopf mit reichlich Salz kochen und danach abkühlen lassen.

2 Tomaten und Rucola waschen. Die Tomaten halbieren. Die Zwiebel abziehen, halbieren und in dünne Scheiben schneiden. Die vorbereiteten Zutaten zusammen in eine Schüssel geben.

3 Für die Vinaigrette in einen Becher, Senf, Weißweinessig, Olivenöl und Gewürze geben. 25 ml Wasser hinzugeben und kräftig mixen. Bei Bedarf etwas Schnittlauch und Chiliflocken hinzufügen. Die Vinaigrette über die Kartoffeln geben und gut verrühren.

4 Den Kartoffelsalat in 4 Portionen z. B. in Gläser aufteilen. Die Mozzarella auf die 4 Gläser verteilen.

5 Die Rohschinkenwürfel in der Pfanne kurz anbraten und auf die Gläser verteilen. Das Hähnchen mit dem Hähnchengewürz marinieren und in der gleichen Pfanne anbraten. Das Hähnchen kleinschneiden und auf dem Salat verteilen.

# GRIECHISCHER REISSALAT

pro Portion: **367 kcal** 27 g **Kohlenhydrate** 27 g **Eiweiß** 16 g **Fett**

**ZUTATEN**

**Für den Salat**

300 g Express-Reis, Parboiled
300 g Gurke
1 Paprika
200 g Cocktailtomaten
1 rote Zwiebel
360 g Feta light
150 g Garnelen

**Für die Vinaigrette:**

3 g mittelscharfen Senf
15 g Weißweinessig
25 ml Ölivenöl
Zwiebelpulver
Salz, Pfeffer

**Für 4 Portionen**
**30 Min**

1 Den Reis nach Packungsanleitung zubereiten. Danach kurz abkühlen lassen.

2 Gurke, Paprika und Tomaten waschen und trocknen. Die Gurke bei Bedarf schälen und würfeln. Die Paprika entkernen und grob würfeln, die Tomaten halbieren. Die Zwiebel abziehen, halbieren und in Scheiben schneiden. Alle vorbereiteten Zutaten in eine große Schüssel geben. Den Feta grob zerbröseln.

3 Für die Vinaigrette alle Zutaten miteinander vermischen.

4 Die Vinaigrette mit den Salat vermischen. Den Salat aufteilen. Die Garnelen anbraten und garnieren. Für eine extra Portion Griechenland noch z. B. Kalamata-Oliven auf dem Salat verteilen.

**TIPP** **Wenn der Salat für mehrere Tage halten soll, die Vinaigrette einzeln aufbewahren und die Garnelen höchstens 1–2 Tage vorher anbraten, da sie nur für eine kurze Zeit frisch bleiben.**

# COUSCOUS TOMATENSALAT

pro Portion: **485 kcal** 43 g **Kohlenhydrate** 49 g **Eiweiß** 11 g **Fett**

**ZUTATEN**

200 g Rucola
200 g Tomate
200 g Paprika
1 Bund frische Petersilie
200 g Couscous
Salz, Pfeffer
360 g Feta light
40 ml Zitronensaft
40 ml Olivenöl
400 g Hähnchen
Hähnchengewürz

**Für 4 Portionen**
**30 Min**

1 Rucola, Tomaten, Paprika und Petersilie waschen und trocknen. Paprika und Tomaten in kleine Würfel schneiden. Die Petersilie hacken. Alle vorbereiteten Zutaten in eine große Schüssel geben.

2 In einer zweiten Schüssel Couscous mit 200 ml heißem Wasser und 1 TL Salz mischen und ca. 5–10 Minuten zugedeckt stehen lassen. Danach den Couscous mit einer Gabel auflockern und zu dem Gemüse geben.

3 Den Feta über den Salat grob bröseln. Mit Zitronensaft, Olivenöl, Salz und Pfeffer abschmecken.

4 Die Hähnchenbrust mit Hähnchengewürz marinieren und anbraten. Hähnchen und Couscous Tomatensalat zusammen servieren.

# GYROS-SCHICHTSALAT MIT FETACREME

pro Portion: **418 kcal** 34 g **Kohlenhydrate** 55 g **Eiweiß** 10 g **Fett** Bild auf S. 13

**ZUTATEN**

**Für das Gyros**

600 g Hähnchenbrustfilet
2 Zwiebeln
2 Kalorien Ölspray
More Spices Knobilicious
Mediterane Kräuter *alternativ* Gyrosgewürz

**Für den Salat**

4 Romana Herzen
1 Salatgurke
200 g Cocktailtomaten
200 g Mais, Dose

**Für die Fetacreme**

180 g Feta light
150 ml Milch 1,5 %
Mediterrane Kräuter
Salz, Pfeffer

**Außerdem**

4 Gläser
50 g Protein Tortilla Chips

**Für 4 Portionen**
**45 Min**

1 Für das Gyros die Hähnchenbrust in feine Streifen schneiden. Die Zwiebeln abziehen, halbieren und in Scheiben schneiden. Beides in eine Schüssel geben. Für die Marinade ca. 6 x mit dem Ölspray auf das Hähnchen sprühen und die Gewürze hineingeben. Gründlich verrühren. Für einen intensiveren Geschmack 1–2 Stunden im Kühlschrank lagern. Danach das Hähnchen-Gyros in einer Pfanne rundherum anbraten.

2 Salat, Gurke und Tomaten waschen und trocknen. Die Gurke bei Bedarf schälen. Salat, Gurke und Tomate klein schneiden. Den Mais abgießen und mit einem Durchschlag abwaschen. Alles in eine Schüssel miteinander vermengen.

3 Für die Fetacreme die Zutaten zu einer glatten Creme in einem Mixer oder mit einem Pürierstab verarbeiten. Bei Bedarf noch etwas Milch ergänzen.

4 Den Salat auf vier Gläser verteilen. Danach den Salat nacheinander in die Gläser schichten und das Gyros verteilen. Die Fetacreme auf die 4 Portionen aufteilen.

5 Vor dem Servieren noch die Chips über den Salat zerbröseln und genießen.

# MEAL PREP NUDELSALAT Á LA TONI

pro Portion: **559 kcal** 57 g **Kohlenhydrate** 33 g **Eiweiß** 19 g **Fett** Bild auf S. 19

**ZUTATEN**
200 g Vollkorn-Nudeln
2 Salatgurken
400 g Cocktailtomaten
800 g Kichererbsen, Dose
250 g Mini-Mozzarella light

**Für das Dressing**
20 ml Olivenöl
20 ml Balsamico-Essig
20 g Mandelmus, weiß
More Spices Knobilicious

**Für 4 Portionen**
**20 Min**

1 Die Nudeln nach Packungsanleitung kochen und kalt abschrecken.

2 Gurken und Tomaten waschen, Gurken würfeln und Tomaten halbieren. Die Kichererbsen abgießen und gründlich abwaschen.

3 Die Zutaten für das Dressing kräftig mixen und auf vier verschließbare Behälter aufteilen.

4 Die Zutaten nacheinander in die Gläser Schichten und die Mini Mozzarella verteilen. Mit zur Schule, Uni oder Arbeit mitnehmen, auf einem Teller wenden und genießen!

# THUNFISCH-NUDELSALAT

pro Portion: **436 kcal** 54 g **Kohlenhydrate** 32 g **Eiweiß** 8 g **Fett**

**ZUTATEN**

**Für den Salat**

240 g Vollkorn-Nudeln
2 Thunfisch im eigenen Saft, Dose
200 g Mais, Dose
1 Paprika

**Für das Dressing**

300 g griech. Joghurt 2 %
10 ml Zitronensaft
60 g Mayonnaise light
Salz, Pfeffer
Mediterrane Gewürze

**Für 4 Portionen**
**20 Min**

1 Die Nudeln nach Packungsanweisung kochen und abschrecken. Die Nudeln in eine Schüssel lauwarm abkühlen lassen.

2 Thunfisch und Mais abtropfen lassen. Die Paprika waschen, entkernen und würfeln. Die Zutaten mit in die Schüssel geben.

3 Für das Dressing Joghurt, Zitronensaft, Mayonnaise light und Gewürze vermengen. Das Dressing unter den Nudelsalat heben. Alles gut verrühren und auf 4 Portionen aufteilen und verschließen oder direkt servieren.

# TORTELLINI CAESAR SALAT

pro Portion: **356 kcal** 35 g **Kohlenhydrate** 35 g **Eiweiß** 7 g **Fett**

**ZUTATEN**

**Für den Salat**

400 g Hühnchenbrustfilet
More Spices Knobilicious
2 Kalorien Ölspray
2 Scheiben Vollkorntoast
4 Romana Salatherzen
300 g Tortellini
50 g Parmesan, gerieben

**Für das Dressing**

200 g Naturjoghurt 1,5 %
20 g Weißweinessig
40 g Senf mittelscharf
15 g Parmesan, gerieben
5 ml Zitronensaft
4 g Chunky Flavour Neutral

**Für 4 Portionen**
**20 Min**

1 Das Hähnchen würfeln, mit Knobilicious und 2 Spritzern Ölspray gut vermengen. Das Hähnchen erst einmal beiseite legen.

2 Den Toast in grobe Stücke schneiden und mit etwas Ölspray besprühen. Danach in eine Pfanne knusprig anbraten.

3 Den Salat waschen und klein schneiden. Die Tortellini kochen. Danach die Hähnchenwürfel in einer Pfanne knusprig anbraten. Alle Zutaten in eine Schüssel vermischen.

4 Die Zutaten für das Dressing anrühren und vor Verzehr über den Salat geben – umrühren, fertig!

# AUFLÄUFE

# BUTTERGEMÜSE KARTOFFELGRATIN

pro Portion: **483 kcal** 52 g **Kohlenhydrate** 38 g **Eiweiß** 12 g **Fett**

**ZUTATEN**

100 g Kochsahne 7 %
250 ml Milch 1,5 %
60 g More Protein Sahne
More Spices Knobilicious
Salz, Pfeffer
Muskatnuss
800 g Kartoffeln, mehligkochend
400 g Hähnchenbrust
Hähnchengewürz
300 g TK-Buttergemüse
80 g Käse light, gerieben

**Für 4 Portionen**
**20 Min (+ 45 Min Backzeit)**

1 Den Backofen auf 200 °C Ober-/Unterhitze (180 °C Umluft) vorheizen.

2 Kochsahne, Milch, More Protein, Knobilicious sowie Salz und Muskatnuss kräftig verrühren und kurz quellen lassen.

3 In der Zwischenzeit die Kartoffeln schälen, waschen und hobeln.

4 Das Hähnchen in Würfel schneiden und mit Hähnchengewürz vermengen. Danach rundherum in einer Pfanne anbraten und mit der Sauce vermengen.

5 Die Kartoffeln in eine Auflaufform legen. Danach Buttergemüse und Sauce nacheinander schichten, bis alles aufgebraucht ist.

6 Den Auflauf für ca. 25 Minuten in den Ofen geben, anschließend Käse auf die Form verteilen und weitere ca. 20 Minuten backen, bis die Kartoffeln gar sind.

# CHILI CON CARNE LASAGNE

pro Portion: **498 kcal** 48 g **Kohlenhydrate** 38 g **Eiweiß** 15 g **Fett**

**ZUTATEN**

1 Zwiebel
280 g Mexiko-Mix, Dose
2 Kalorien Ölspray
400 g Rinderhackfleisch
500 g stückige Tomaten, Dose
Salz, Pfeffer
30 g Tomatenmark
Paprika edelsüß
mexikanische Gewürzmischung
Chiliflocken
9 Lasagneplatten
150 g Crème fraîche 15 %
100 g Käse light, gerieben

**Für 4 Portionen**
**45 Min (+ 30 Min Backzeit)**

1 Den Backofen auf 180 °C Ober-/Unterhitze (160 °C Umluft) vorheizen.

2 Die Zwiebel abziehen und fein würfeln. Den Mexiko-Mix abgießen und gründlich waschen.

3 Einen Topf mit dem Ölspray einsprühen. Die Zwiebelwürfel anbraten und Hackfleisch dazugeben. Anschließend die gehackten Tomaten und Mexiko-Mix dazugeben und mit Salz und Pfeffer würzen. 300 ml Wasser, Mexiko-Mix und Tomatenmark hinzugeben. Mit den Gewürzen abschmecken und noch etwas köcheln lassen.

4 Eine große Auflaufform vorbereiten und etwas vom gekochten Chili con Carne verteilen. Danach Lasagneplatten verteilen. Wieder Sauce, Platten nacheinander in die Form verteilen, bis die Zutaten aufgebraucht sind. Danach alles mit Crème fraîche bestreichen und den Käse darüberstreuen.

5 Den Auflauf für ca. 30 Minuten backen bis der Käse knusprig ist.

# RUMFORT-NUDELAUFLAUF

pro Portion (5 Portionen gesamt): **436 kcal** 37 g **Kohlenhydrate** 32 g **Eiweiß** 16 g **Fett**

**ZUTATEN**

**Meine Reste**

400 g zuviel gekochte Nudeln
600 g gekochter Brokkoli
3 Portionen Käsesauce (S. 118)
200 g Hähnchenkochschinken
200 g Mais, Dose
100 g Käse light, gerieben

**Für 4 Portionen**
**5 Min (+ 25 Min Backzeit)**

1 Den Backofen auf 180 °C Ober-/Unterhitze (160 °C Umluft) vorheizen.

2 Alle Zutaten in eine Auflaufform geben, danach Sauce und Käse drüberstreuen.

3 Den Auflauf für ca. 20–30 Minuten in den Backofen schieben.

**TIPP** **Was »rumliegt« muss »fort« – du kannst den Auflauf nach Belieben mit anderen Lebensmitteln kombinieren.**

**MÖGLICHE VARIANTEN**

**Nudeln + Käsesauce + Hähnchenkochschinken + Mais + Käse**

**Nudeln + Tomatensauce + Thunfisch + Erbsen + Light Käse + Italian Allrounder**

**Nudeln + Hähnchen + Gemüsebrühe + Kochsahne**

# HACKBÄLLCHEN TOSKANA

pro Portion: **398 kcal** 13 g **Kohlenhydrate** 48 g **Eiweiß** 15 g **Fett**

**ZUTATEN**

1 Zwiebel
1 Knoblauchzehe
700 g Hackfleisch, mager
*alternativ* Veggi-Hackfleisch
More Spice Knobilicious
Oregano, Thymian
Salz, Pfeffer
600 g stückige Tomaten, Dose
250 ml Kochsahne 7 %
125 g Mozzarella light, Scheiben

**Für 4 Portionen**
**20 Min (+ 30 Min Backzeit)**

1 Den Backofen auf 180 °C Ober-/Unterhitze (160 °C Umluft) vorheizen.

2 Zwiebel und Knoblauch abziehen, Zwiebel fein würfeln und Knoblauch pressen oder fein hacken.

3 Das Hackfleisch mit Zwiebel und Gewürzen vermischen und zu gleich großen Bällchen formen. Die Bällchen in eine Auflaufform legen.

4 Für die Sauce Tomaten, Kochsahne, Knoblauch und Gewürze verrühren und über die Hackbällchen geben. Den Mozzarella in Scheiben darauf verteilen und für ca. 30–40 Minuten goldbraun backen.

**TIPP** **Kann zu Reis, Nudeln oder Salat serviert werden.**

# PROTEIN KNUTSCHIS

pro Portion: **511 kcal** 67 g **Kohlenhydrate** 32 g **Eiweiß** 11 g **Fett**

**ZUTATEN**

More Spices Knobilicious
Salz, Pfeffer
60 g More Protein Sahne
900 g Knödelteig
200 g Mini-Mozzarella light
1 rote Zwiebel
400 g passierte Tomaten, Dose
200 ml Kochsahne 7 %
50 g Käse light, gerieben

**Für 4 Portionen**
**15 Min (+ 30 Min Backzeit)**

1 Den Ofen auf 200 °C Ober-/Unterhitze (180 °C Umluft) vorheizen.

2 Gewürze und More Protein in den Knödelteig einkneten. Portionsweise den Teig nehmen und eine Mulde formen. Mittig eine Mozzarellakugel platzieren und mit dem Teig drumherum formen. Die fertigen Kugeln in eine Auflaufform geben.

3 Für die Sauce die Zwiebel abziehen und fein würfeln. In einem Topf 2 Kalorien Ölspray geben und die Zwiebelwürfel darin anbraten und mit den passierten Tomaten ablöschen. Die Kochsahne dazugeben und erwärmen lassen.

4 Die Sauce über die Bällchen gießen. Den Käse drüberstreuen und für ca. 30–40 Minuten backen. Wenn der Käse oben goldbraun ist – sind die Knutschis fertig!

# KARTOFFEL-HACKAUFLAUF

pro Portion: **405 kcal** 38 g **Kohlenhydrate** 37 g **Eiweiß** 11 g **Fett**

**ZUTATEN**
700 g Kartoffeln, festkochend
1 Zwiebel
1 Knoblauchzehe
250 ml Kochsahne 7 %
300 ml Milch 1,5 %
Muskatnuss
2 Kalorien Ölspray
600 g Rinderhackfleisch
More Spice Knobilicous
Salz, Pfeffer
80 g Käse light, gerieben

**Für 4 Portionen**
**25 Min (+ 30 Min Backzeit)**

1 Den Ofen auf 200 °C Ober-/Unterhitze (180 °C Umluft) vorheizen.

2 Die Kartoffeln schälen, waschen und in Scheiben hobeln. Zwiebel und Knoblauchzehe abziehen. Zwiebel fein würfeln und Knoblauch pressen oder fein hacken.

3 Die Kartoffeln mit Sahne, Milch und einer Prise Muskatnuss in einen Topf geben und für ca. 15 Minuten köcheln lassen.

4 Eine Pfanne mit dem Ölspray einsprühen. Hackfleisch, Zwiebel und Knoblauch anbraten, mit etwas Knobilicious, Salz und Pfeffer würzen.

5 Die Kartoffel-Mischung in eine Auflaufform geben, das Hackfleisch dazugeben und alles gut verrühren. Den Käse über alles bestreuen und für ca. 30 Minuten goldbraun backen – feeertig!

# BROKKOLI-AUFLAUF MIT EI-MISCHUNG

pro Portion: **425 kcal** 14 g **Kohlenhydrate** 34 g **Eiweiß** 24 g **Fett**

**ZUTATEN**
1 kg Brokkoli
1 Zwiebel
2 Kalorien Ölspray
10 Eier
250 ml Kochsahne 7 %
Knobilicious
Salz, Pfeffer
120 g Käse light, gerieben

**Für 4 Portionen**
**20 Min (+ 40 Min Backzeit)**

1 Den Ofen auf 180 °C Ober-/ Unterhitze (160 °C Umluft) vorheizen.

2 Den Brokkoli waschen, in Röschen teilen und den Strunk klein schneiden – nicht wegwerfen! Die Zwiebel abziehen und klein würfeln.

3 Etwas Ölspray in eine Auflaufform geben und Brokkoli und Zwiebeln verteilen.

4 Für die Ei-Mischung Eier, Kochsahne, Knobilicious sowie Salz und Pfeffer verquirlen. Die Masse über den Brokkoli geben, Käse drüber streuen und für ca. 40–45 Minuten goldbraun backen – fertig!

MORE
SPICES
Knobi-Licious
PERFEKT FÜR SAUCEN,
KARTOFFELGERICHTE,
GEMÜSE... UND
EIGENTLICH FÜR ALLES

# CREMIGER SPÄTZLE-AUFLAUF

pro Portion: **491,5 kcal** 41 g **Kohlenhydrate** 35 g **Eiweiß** 19 g **Fett**

**ZUTATEN**

300 g Cherrytomaten
500 g Spätzle
200 g Kräuterfrischkäse light
300 g TK-Spinat
200 g Schinkenwürfel
200 ml Kochsahne 7 %
More Spice Knobilicious
Salz, Pfeffer
120 g Käse light, gerieben

**Für 4 Portionen**
**10 Min (+ 25 Min Backzeit)**

1 Den Ofen auf 200 °C Ober-/Unterhitze (180 °C Umluft) vorheizen.

2 Die Tomaten waschen und vierteln. Alle Zutaten bis auf den Käse in eine Auflaufform geben und gut würzen.

3 Die Auflaufform für ca. 10 Minuten backen und alles einmal gut vermengen. Den Reibekäse verteilen und nochmal für ca. 15–20 Minuten backen, bis der Käse goldbraun ist.

# PASTAGERICHTE

# GNOCCHIPFANNE MIT KÜRBIS

pro Portion: **491 kcal** 64 g **Kohlenhydrate** 28 g **Eiweiß** 12 g **Fett**

**ZUTATEN**

**Für die Käsesauce**

50 ml Milch 1,5 %
100 g Schmelzkäse light
30 g Parmesan, gerieben
Salz, Pfeffer
25 g Mozzarella light, gerieben

**Außerdem**

400 g Blumenkohl
Salz, Pfeffer
400 g Hokkaido-Kürbis
1,5 Scps Chunky Flavour Neutral
60 g More Protein Sahne
500 g Gnocchis
Muskatnuss

**Für 4 Portionen**
**45 Min**

1 Für die Käsesauce alle Zutaten außer dem Mozzarella in einen Topf geben und aufkochen lassen. Die Zutaten sollten sich dabei zu einer Masse verschmelzen.

2 Zum Schluss noch den geriebenen Mozzarella dazugeben, sodass es Ziehfäden bekommt. Mit Salz und Pfeffer abschmecken.

3 Den Blumenkohl waschen, in kleine Röschen schneiden und in Salzwasser kochen.

4 Den Hokkaido-Kürbis in kleine Würfel schneiden. Danach in einer Pfanne zusammen mit Chunky Flavour und etwas Wasser karamellisieren lassen.

5 Die Sauce zu dem Kürbis hinzufügen. Das More Protein mit 120 ml Wasser verrühren und mit in den Kürbistopf geben. Gekochten Blumenkohl und Gnocchis dazugeben und mit Muskatnuss, Salz und Pfeffer abschmecken.

**TIPP Wer dem Gericht noch etwas Süße verleihen möchte, kann etwas Honig in die Sauce geben.**

# BURRATA-PASTA

pro Portion: **500 kcal** 62 g **Kohlenhydrate** 27 g **Eiweiß** 15 g **Fett**

**ZUTATEN**
1 Zwiebeln
2 Knoblauchzehen
700 g Cocktailtomaten
300 g Vollkorn-Nudeln
More Spice Knobilicious
Italienische Kräuter
Salz, Pfeffer
60 g Protein Sahne
200 g Burrata
Frischen Basilikum

**Für 4 Portionen**
**25 Min**

1 Zwiebel und Knoblauchzehen abziehen und grob hacken. Die Tomaten waschen, trocknen und halbieren.

2 Die Nudeln nach Packungsanweisung kochen und abschrecken. Dabei 200 ml Nudelwasser zur Seite geben.

3 In einer großen Pfanne Zwiebel und Knoblauch anbraten. Die Tomaten hinzufügen und alles mit den Gewürzen abschmecken.

4 Die Tomaten weich werden lassen und danach das Nudelwasser hinzufügen.

5 Den Pfanneninhalt in einen Hochleistungsmixer geben und das More Protein hinzufügen. Püriere den Inhalt mindestens 60–70 Sekunden auf höchster Stufe. Alles zurück in die Pfanne geben.

6 Die gekochten Nudeln in die Sauce geben und gut verrühren. Auf 4 Portionen aufteilen. Zudem noch die Burrata vierteln und auf die warme Pasta legen. Mit etwas frischem Basilikum garnieren.

# MAC AND CHEESE

pro Portion: **490 kcal** 59 g **Kohlenhydrate** 28 g **Eiweiß** 14 g **Fett**

**ZUTATEN**

300 g Maccaroni
Käsesauce (S. 118)
3 Scheiben Käse
100 ml Milch
50 g Käse light, gerieben
Salz, Pfeffer

**Für 4 Portionen**
**20 Min (+ 25 Min Backzeit)**

1 Den Backofen auf 180 °C Ober-/Unterhitze (160 °C Umluft) vorheizen.

2 Die Nudeln nach Packungsanweisung garen und abschrecken.

3 Die Käsesauce kochen und den Scheibenkäse darin schmelzen. Noch die Milch ergänzen und leicht verflüssigen.

4 Die Nudeln in einer Auflaufform verteilen und mit der Käsesauce bedecken, gut verrühren. Den Auflauf mit dem geriebenen Käse bestreuen und für ca. 25 Minuten in den Ofen geben, bis der Käse oben knusprig wird.

5 Dann direkt warm genießen oder in 4 Portionen aufteilen und zu einem späteren Zeitpunkt erneut erwärmen.

# PASTA MIT KÜRBISPESTO

pro Portion: **610 kcal** 77g **Kohlenhydrate** 36 g **Eiweiß** 15 g **Fett**

**ZUTATEN**
600 g Hokkaido Kürbis
2 Zwiebeln
4 Knoblauchzehen
60 g Cashewkerne
More Spice Knobilicious
Muskatnuss
Salz, Pfeffer
2 Kalorien Ölspray
300 g Vollkorn-Nudeln
200 g Frischkäse light
280 ml Milch
60 g More Protein Sahne
60 g Parmesan, gerieben

**Für 4 Portionen**
**15 Min (+ 25 Min Backzeit)**

1 Den Ofen auf 200 °C Ober-/Unterhitze (180 °C Umluft) vorheizen.

2 Den Kürbis vierteln und die Kürbiskerne entfernen. Zwiebeln und Knoblauch abziehen und vierteln. Kürbis, Zwiebel, Knoblauch und Cashewkerne mit Gewürzen und etwas Ölspray in eine Auflaufform geben und für ca. 25–30 Minuten backen.

3 Währenddessen die Nudeln nach Packungsangaben zubereiten und abschrecken.

4 Das Ofengemüse mit den restlichen Zutaten pürieren und mit den Nudeln vermengen – fertig!

# SCHINKENNUDELN

pro Portion: **493,5 kcal** 57 g **Kohlenhydrate** 30 g **Eiweiß** 14 g **Fett**

**ZUTATEN**
2 Knoblauchzehen
2 Zwiebeln
300 g Schinkenwürfel
2 Kalorien Ölspray
300 g Nudeln nach Wahl
400 ml Kochsahne 7 %
Salz, Pfeffer
60 g Parmesan, gerieben

**Für 4 Portionen**
**25 Min**

1 Knoblauch und Zwiebeln abziehen und fein würfeln. Zusammen mit den Schinkenwürfeln in einer Pfanne mit etwas Ölspray anbraten.

2 Währenddessen die Nudeln nach Packungsanweisung kochen und ca. 100 ml des Nudelwassers aufheben.

3 Die Pfanne mit der Kochsahne ablöschen, mit Salz und Pfeffer würzen. Den Parmesan unterrühren und zum Schluss das Pastawasser dazu geben. Die fertigen Nudeln unterheben, umrühren – fertig!

# WÜRSTCHEN-NUDEL-PFANNE

pro Portion: **491 kcal** 56 g **Kohlenhydrate** 33 g **Eiweiß** 12 g **Fett**

**ZUTATEN**

1 ½ Zwiebeln
2 Paprika
300 g braune Champignons
250 g Vollkorn-Nudeln
2 Kalorien Ölspray
600 g gehackte Tomaten
30 g Tomatenmark
Paprika edelsüß
Salz, Pfeffer
60 g More Protein Sahne
200 g Geflügelwiener

**Für 4 Portionen**
**30 Min**

1 Die Zwiebeln abziehen und klein würfeln. Die Paprika waschen, entkernen und würfeln. Die Champignons putzen und in Scheiben schneiden.

2 Die Nudeln nach Packungsanweisung garen und abschrecken.

3 Währenddessen in einem Topf mit dem Ölspray die Zwiebeln andünsten. Mit gehackten Tomaten und 300 ml Wasser ablöschen. Das Tomatenmark hinzufügen. Mit den Gewürzen abschmecken, verrühren und kurz köcheln lassen.

4 Die Champignonscheiben in den Topf geben und köcheln lassen. Die Hitze etwas reduzieren. 100 ml Wasser mit More Protein vermischen und in die Sauce geben.

5 Die Geflügelwiener in Scheiben schneiden, mit hineinlegen und kurz erwärmen.

6 Die Nudeln auf vier Tellern portionieren und die Sauce drübergießen.

# HERZHAFTE TONI SPECIALS

# HÄHNCHEN-GYROS MIT TSATSIKI

pro Portion: **337 kcal** 16 g **Kohlenhydrate** 57 g **Eiweiß** 5 g **Fett**

**ZUTATEN**

**Für das Gyros**

600 g Hähnchenbrustfilet
2 Zwiebeln
2 Kalorien Ölspray
More Spices Knobilicious
Mediterane Kräuter *alternativ* Gyrosgewürz

**Für das Tsatsiki**

1 Gurke
1 Knoblauchzehe
1 Bio-Zitrone
500 g Magerquark
150 g Joghurt
Salz, Pfeffer

**Optional**

Frische Petersilie

**Für 4 Portionen**
**30 Min**

1 Für das Gyros die Hähnchenbrust in feine Streifen schneiden. Die Zwiebeln abziehen, halbieren und in Scheiben schneiden. Beides in eine Schüssel geben.

2 Das Hähnchen zum Marinieren mit dem Ölspray besprühen und mit den Gewürzen vermengen. Das Fleisch einmal gründlich vermengen und im Kühlschrank aufbewahren.

3 Für das Tsatsiki die Gurke waschen und in mit einer Reibe fein hobeln. Die Gurkenmasse auf ein Küchentuch geben und mit der Hand die Flüssigkeit rauspressen.

4 Denn Knoblauch abziehen und pressen. Die Zitrone waschen und Zesten abziehen, danach die Zitrone entsaften.

5 Alle Zutaten miteinander vermengen und bis zum Gebrauch im Kühlschrank aufbewahren.

6 Das Hähnchen-Gyros in einer Pfanne rundherum anbraten und auf einem Teller portionieren. Das Tsatsiki dazureichen.

**TIPP** **Das Gyros kann auch mit der Fetacreme von S. 92 serviert werden. Das Gyros schmeckt auch super lecker zu Reis, Kartoffeln oder in einem Wrap mit etwas Salat.**

# KLASSISCHER ZWIEBELKUCHEN

pro Portion: **470 kcal** 30 g **Kohlenhydrate** 27 g **Eiweiß** 26 g **Fett**

**ZUTATEN**

**Für den Teig**

160 g Dinkelmehl
50 g More Protein Sahne
100 g weiche Butter
2 Eier
Salz

**Für den Füllung**

8 Zwiebeln
3 Eier
200 ml Kochsahne 7 %
More Spice Knobilicious
Salz, Pfeffer
100 g Rohschinkenwürfel
120 g Käse light, gerieben
2 Kalorien Ölspray
10 g Dinkelmehl

**Für 6 Stücke**
**15 Min (+ 45 Min Backzeit)**

1 Für den Teig die Zutaten mit einer Prise Salz verkneten. Den Teig für mindestens 1 Stunde kalt stellen.

2 Für die Füllung die Zwiebeln abziehen, halbieren und in feine Scheiben schneiden. In einer separaten Schüssel Eier, Kochsahne, Gewürze, Rohschinken und Käse verrühren.

3 In einer Pfanne etwas Ölspray geben und die Zwiebeln andünsten. Das Dinkelmehl darauf streuen und verrühren.

4 Den Teig ausrollen und in einer vorher eingefetteten runden Auflaufform auslegen. Den Überschuss abschneiden.

5 Die Zwiebeln auf den Teig verteilen und mit der Ei-Mischung übergießen.

6 In einem vorgeheizten Backofen bei 200 °C Ober-/Unterhitze (180 °C Umluft) für ca. 45 Minuten backen.

7 Der Zwiebelkuchen kann im Anschluss nach Bedarf aufgewärmt werden aber auch kalt genossen werden.

**TIPP** **Zu dem Zwiebelkuchen passt ein kleiner grüner Salat. Das gibt dem Gericht etwas Frische.**

# ONE-POT RATATOUILLE

pro Portion: **316 kcal** 27 g **Kohlenhydrate** 35 g **Eiweiß** 10 g **Fett**

**ZUTATEN**
**Für die Tomatensauce**
2 Zwiebeln
2 Kalorien Ölspray
400 g stückige Tomaten
40 g Tomatenmark
Italienische Kräuter
½ Scp Chunky Flavour Neutral
Salz, Pfeffer

**Außerdem**
2–3 Zucchini
400 g Aubergine
2 rote Zwiebeln
10 g Balsamico Essig
Thymian
Salz, Pfeffer
60 g More Protein Sahne
360 g Feta light

**Für 4 Portionen**
**35 Min**

1 Für die Sauce die Zwiebeln abziehen und fein würfeln.

2 Die Zwiebeln in einem Topf mit etwas Ölspray andünsten. Die stückigen Tomaten zum Ablöschen dazugeben. Tomatenmark, Wasser und Gewürze ergänzen. Mit Chunky Flavour einkochen lassen. Zum Schluss mit Salz und Pfeffer abschmecken.

3 Zucchini und Aubergine waschen, trocknen und in Würfel schneiden. Die Zwiebeln abziehen, halbieren und in Scheiben schneiden.

4 Das Gemüse in dem Topf rundherum anbraten und mit der Tomatensauce ablöschen. Balsamico und Thymian hineingeben, mit Salz und Pfeffer abschmecken danach köcheln lassen.

5 Die Hitze reduzieren. More Protein mit 120 ml Wasser vermengen und in den Topf unterheben.

6 Das Ratatouille mit zerbröselten Feta garnieren und servieren.

TIPP **Reiche gerne Express-Reis dazu.**

# HÄHNCHEN-CURRY

pro Portion: **428 kcal** 38 g **Kohlenhydrate** 37 g **Eiweiß** 13 g **Fett**

**ZUTATEN**
500 g Hähnchenbrustfilet
2 Kalorien Ölspray
Salz, Pfeffer
200 g Zuckerschoten
200 g Mais, Dose
250 ml Kochsahne 7 %
1 EL Gemüsebrühpulver
Currypulver
300 g Basmati-Expressreis
40 g Cashews

**Für 4 Portionen**
**25 Min**

1 Die Hähnchenbrust grob schneiden und in einer Pfanne oder einem Topf mit Ölspray anbraten. Mit Salz und Pfeffer würzen.

2 Die Zuckerschoten waschen und trocknen. Den Mais abtropfen lassen und gründlich mit einem Sieb waschen.

3 Das Gemüse zum Hähnchen geben und mit Kochsahne und 200 ml Wasser ablöschen. Mit Gemüsebrühpulver Currypulver, Salz und Pfeffer würzen.

4 Alles köcheln bis die Sauce andickt Währenddessen den Reis nach Packungsanweisung zubereiten. Die Cashews hacken und auf dem Curry verteilen.Den Reis dazureichen.

# TOMATEN-FETA-QUICHE

pro Portion: **461 kcal** 20 g **Kohlenhydrate** 40 g **Eiweiß** 24 g **Fett**

**ZUTATEN**

**Für den Teig**

80 g Dinkelmehl
30 g More Protein Sahne
1 Ei
150 g Feta light
5 g Backpulver
20 ml Olivenöl
Salz

**Für die Füllung:**

3 Eier
150 g Feta light
150 g Käse light, gerieben
Salz, Pfeffer
Italienische Kräuter
100 g Cherrytomaten

**Für 4 Portionen**
**30 Min**

1 Den Backofen auf 180 °C Ober-/Unterhitze (160°C Umluft) vorheizen.

2 Für den Teig die Zutaten miteinander zu einer gleichmäßigen Masse verkneten. Den Teig ausrollen und eine gefettete Quicheform geben. Mit einer Gabel in den Boden stechen und für ca. 10 Minuten im Ofen vorbacken.

3 Für die Füllung Eier, Feta, Käse und Gewürze vermengen und auf dem Quicheboden verteilen. Die Tomaten waschen und halbieren und ebenfalls auf den Quicheteig verteilen.

4 Die Quiche für weitere ca. 15 Minuten backen lassen. Die Quiche schmeckt am besten warm.

# PESTO HÄHNCHEN MIT GERÖSTETEN TOMATEN

pro Portion: **497 kcal** 49 g **Kohlenhydrate** 55 g **Eiweiß** 11 g **Fett**

**ZUTATEN**

**Für das Pesto:**

20 g getrocknete Tomaten
10 ml Olivenöl
10 g Mandeln
10 g Parmesan, gerieben
Italienische Kräuter

**Außerdem**

700 g Hähnchenbrustfilet
2 Kalorien Ölspray
100 g Cocktailtomaten
300 g Kochsahne 7 %
More Spices Knobilicious
Salz, Pfeffer
10 g Speisestärke
500 g Gnocchi

**Für 4 Portionen**
**20 Min**

1 Für das Pesto die Zutaten in einen Hochleistungsmixer geben und fein mixen.

2 Die Hähnchenbrust in grobe Würfel schneiden und in einer Pfanne mit dem Ölspray anbraten.

3 Das Pesto hineingeben und mit dem Hähnchen verrühren.

4 Die Cocktailtomaten waschen und in die Pfanne geben. Wenn die Tomaten etwas angeschmort sind, die Pfanne mit der Kochsahne ablöschen. Mit den Gewürzen abschmecken.

5 Den Pfanneninhalt kurz aufköcheln lassen. Die Speisestärke mit etwas Wasser vermengen und zum eindicken in die Sauce geben. Nochmals kurz aufkochen lassen.

6 Die Gnocchis in Salzwasser nach Packungsanweisung kochen. Die Sauce über die Gnoccis geben und servieren.

MORE SPICES
Knobi-Licious
PERFEKT FÜR SAUCEN, KARTOFFELGERICHTE, GEMÜSE.... UND EIGENTLICH FÜR ALLES
vegan

# FRIKADELLEN MIT FETA-TOMATENSALAT

pro Portion: **482 kcal** 26 g **Kohlenhydrate** 45 g **Eiweiß** 18 g **Fett**

**ZUTATEN**
**Für die Frikadellen**
1 Zwiebel
700 g Hackfleisch
200 g Quark
100 g Paniermehl
15 g Senf
10 g Sojasauce
1 Ei
Salz, Pfeffer
2 Kalorien Ölspray

**Für den Salat**
300 g Tomaten
2 rote Zwiebeln
50 g Vinaigrette (S. 86)
100 g Feta light

**Für 4 Portionen**
**30 Min**

1 Für die Frikadellen die Zwiebel abziehen und würfeln. Das Hackfleisch mit Quark, Paniermehl und gewürfelter Zwiebel in eine Schüssel geben.

2 Dazu Senf, Sojasauce Ei, Salz und Pfeffer geben und alles verkneten.

3 Aus der Masse 8 große oder 16 kleine Frikadellen formen und mit dem Ölspray anbraten.

4 Für den Salat Tomaten waschen und würfeln. Dazu die roten Zwiebel abziehen, halbieren, in Scheiben schneiden und mit der Vinaigrette vermischen. Den Fetakäse über den Salat bröseln.

5 Beides zusammen servieren. Die Frikadellen können auch kalt gegessen werden oder noch einmal erwärmt werden.

# BUNTE REISPFANNE

pro Portion: **457 kcal** 48 g **Kohlenhydrate** 27 g **Eiweiß** 16 g **Fett**

**ZUTATEN**
2 Zwiebeln
2 Paprika
400 g Expressreis, Parboiled
20 g Tomatenmark
More Spice Knobilicious
Salz, Pfeffer
300 g Buttergemüse
400 g Feta light

**Für 4 Portionen**
**20 Min**

1 Die Zwiebeln abziehen und fein würfeln. Die Paprika waschen, entkernen und würfeln. In einer Pfanne die Zwiebel andünsten. Reis, 100 ml Wasser und Tomatenmark in die Pfanne geben und vermischen. Alles mit den Gewürzen abschmecken.

2 Buttergemüse und Paprika hinzufügen und bei Bedarf noch etwas Wasser hinzugeben, wenn es anzubrennen droht.

3 Wenn die Reispfanne gar ist nochmal mit Salz und Pfeffer abschmecken und den Feta drauf bröseln.

TIPP **Statt Feta kann man auch Crème fraîche 15 % verwenden. Brate gerne noch Hähnchen dazu an, dann erhöhst du direkt den Proteinbedarf.**

# ANANAS-PAPRIKA-HÄHNCHEN-PFANNE

pro Portion: **491 kcal** 53 g **Kohlenhydrate** 53 g **Eiweiß** 6 g **Fett**

**ZUTATEN**
800 g Hähnchenbrustfilet
60 ml Sojasauce
Paprikapulver edelsüß
Salz, Pfeffer
2 Paprika
400 g umgezuckerte Ananas, Dose
400 g Express Reis Langkorn
100 ml Light Gourmet Sauce Chili

**Für 4 Portionen**
**30 Min**

1 Das Hähnchen in Würfel schneiden und mit Sojasauce, Paprikapulver und Pfeffer in einen Gefrierbeutel geben und gut durchkneten. Für mindestens 1 Stunde ziehen lassen.

2 Währenddessen die Paprika waschen, entkernen und in Würfel schneiden. Die Ananas kleinschneiden.

3 Das Hähnchen samt Sojasauce in einer Pfanne anbraten. Paprika und Ananas mit dazugeben und weiter braten. Die halbe Flüssigekeit aus der Dose mit hineingeben. Bei Bedarf Gourmet Sauce dazugeben.

4 Den Expressreis nach Packungsangabe zubereiten und mit der Hähnchenpfanne vermischen.

# GEBRATENER REIS

pro Portion: **486 kcal** 49 g **Kohlenhydrate** 45 g **Eiweiß** 11 g **Fett**

**ZUTATEN**
500 g Hühnchenbrustfilet
Currypulver
Salz, Pfeffer
2 Knoblauchzehen
2 cm Ingwer
½ rote Zwiebel
2 Kalorien Ölspray
400 g TK-Gemüse-Mix
(z. B. Erbsen, Mais, Karotte)
500 g Basmati-Expressreis
6 Eier
4 EL Sojasauce

**Optional**
Limette

**Für 4 Portionen**
**20 Min**

1 Zuerst das Hähnchen mit den Gewürzen einreiben. Den Knoblauch abziehen und fein hacken. Den Ingwer schälen, am besten mit einem Löffel, und ebenfalls klein hacken. Die Zwiebel abziehen und würfeln.

2 Knoblauch, Ingwer und Zwiebel in einer Pfanne mit etwas Ölspray anbraten. Nun das Hähnchen hinzugeben und anbraten. Dann das Gemüse in die Pfanne geben und für weitere 5 Minuten anbraten. Den Reis in die Pfanne geben, die Eier darin aufschlagen und mit Sojasauce abschmecken. Alles gut vermengen und stocken lassen.

3 Die Portionen auf Tellern oder in Meal Prep Behältern verteilen. Bei Bedarf eine Limette vierteln und dazureichen.

We Pay
All Mail or
Express
Charges
WASHINGTON, MORTON
NEW YORK

# LOW CARB PIZZA

pro Blech: **1432 kcal** 17 g **Kohlenhydrate** 176 g **Eiweiß** 73 g **Fett**
Ein Stück hat etwa 116 Kcal

**ZUTATEN**
1 Zwiebel
500 g Hüttenkäse
200 g Käse light, gerieben
4 Eier
150 g Speck, mager
More Spice Knobilicious
Salz, Pfeffer

**Optional**
frischer Schnittlauch

**Für 1 Blech**
**15 Min (+ 25 Min Backzeit)**

1 Den Ofen auf 200 °C Ober-/Unterhitze (180°C Umluft) vorheizen.

2 Die Zwiebel abziehen und fein würfeln. Bei Bedarf Schnittlauch waschen und hacken.

3 Zwiebel, Hüttenkäse, Reibekäse, Eier, die Hälfte des Schnittlauchs, Speck und Gewürze in einer großen Schale vermengen. Auf einem mit Backpapier aufgelegtem Backblech gleichmässig verstreichen.

4 Für ca. 25–30 Minuten das Backblech in den Ofen schieben und goldbraun backen, den restlichen Schnittlauch drüber streuen und genießen!

# DANKSAGUNG

Wie du dir sicher vorstellen kannst, sind an der Veröffentlichung eines Buches immer viele Personen beteiligt. Auch bei diesem Werk haben ganz wundervolle Menschen mitgewirkt, bei denen ich mich von ganzem Herzen bedanken möchte. Bei meiner Schwester Bella, die mir privat immer viel unter die Arme gegriffen und mich unterstützt hat, damit ich mehr Zeit dafür aufbringen konnte. Bei meiner Besten Freundin und Managerin Nicky, die all die Texte und Korrekturen mit gelesen und wichtige Entscheidungen mit getroffen hat.

Bei meiner Persönlichen Assistentin, Vanessa, ohne die die Deadlines niemals so gut eingehalten worden wären und die mehr Struktur in mein Leben bringt.

Bei Macielle und allen Mitwirkenden rund um den NXT LVL Verlag, die mich dabei unterstützt haben, innerhalb sehr kurzer Zeit dieses Projekt zu verwirklichen. Natürlich geht ein riesen Dank an meine Toni-Crew, ohne die dieses Buch überhaupt gar nicht entstanden wäre, denn ihr treibt mich jeden Tag an! Ihr gebt mir eure Ideen und Wünsche für Rezepte weiter, ihr lasst mich kreativ werden und Dinge umsetzen, auf die ich alleine nie kommen würde – ihr seid einfach die tollste Community der Welt und ich bin euch für alles sehr, sehr dankbar.

Und ein besonderer Dank gilt auch dir, dass du dieses Buch gekauft und ihm einen Platz in deiner Küche geschenkt hast und hoffentlich viel Freude beim Ausprobieren und Genießen der Rezepte hast!

# REZEPTVERZEICHNIS

# Impressum

**Wichtige Hinweise**
Die im Buch veröffentlichten Empfehlungen wurden von Verfasserin und Verlag erarbeitet und geprüft. Der Inhalt dieses Buches beruht ausschließlich auf den persönlichen Erfahrungen der Autorin und erhebt keinen wissenschaftlichen Anspruch.

Die benutzten Begrifflichkeiten sind wertfrei. Eine Garantie kann dennoch nicht übernommen werden. Ebenso ist die Haftung des Verfassers bzw. des Verlages und seiner Beauftragten für Personen-, Sach- und Vermögensschäden ausgeschlossen.

Dieses Buch ist urheberrechtlich geschützt. Jede Verwertung ist ohne Zustimmung des Verlags nicht zulässig. Das gilt gleichermaßen für Vervielfältigungen, Übersetzungen, Verfilmungen, Einspeicherung und Verarbeitung in elektronischen Systemen. Die Publikation enthält Links zu externen Webseiten Dritter, auf deren Inhalte wir keinen Einfluss haben; für diese fremden Inhalte können wir keine Gewähr übernehmen. Rechtswidrige Inhalte waren zum Zeitpunkt dieser Veröffentlichung nicht erkennbar.

3. überarbeitete Auflage
© 2024 NEXT LEVEL Verlag,
NXT LVL GmbH, An der Dornwiese 2,
82166 Gräfelfing
www.next-level-verlag.de
Alle Rechte vorbehalten.

**Autorin:** Antonia Elena Zimmermann
**Co-Autorin:** Justyna Szamocka
**Lektorat:** Macielle Christin Montoya Barea
**Umschlaggestaltung:** © www.b3k-design.de
Andrea Schneider & diceindustries

**Bildnachweis:**
S. 11, S. 154 © Tsvetelina Kehayova

**Foodstyling und Foodfotografie:**
© Hauserfotografie www.hauserfotografie.de
**Coverfoto:** © Hauserfotografie
www.hauserfotografie.de
**Satz und Layout:** Nadine Thiel, München
**Druck:** Mohn Media, Gütersloh

FSC www.fsc.org MIX Papier | Fördert gute Waldnutzung FSC® C011124

Printed in Germany

ISBN Print: 978-3949458910

Hier gehts
zu meinem
Instagram-Profil